This book belongs to:

(この本は、次のものに属しています。)

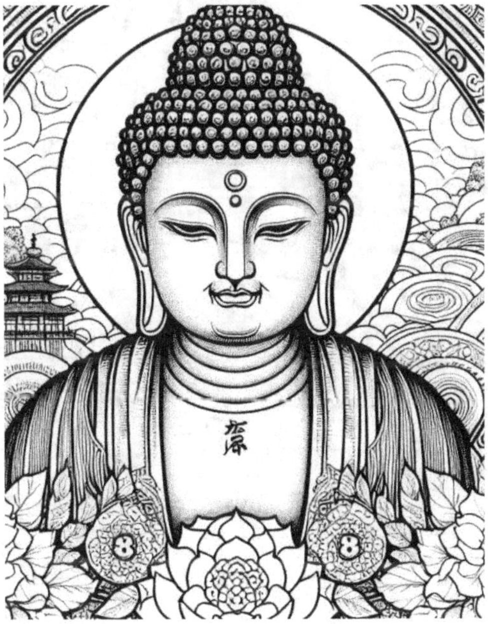

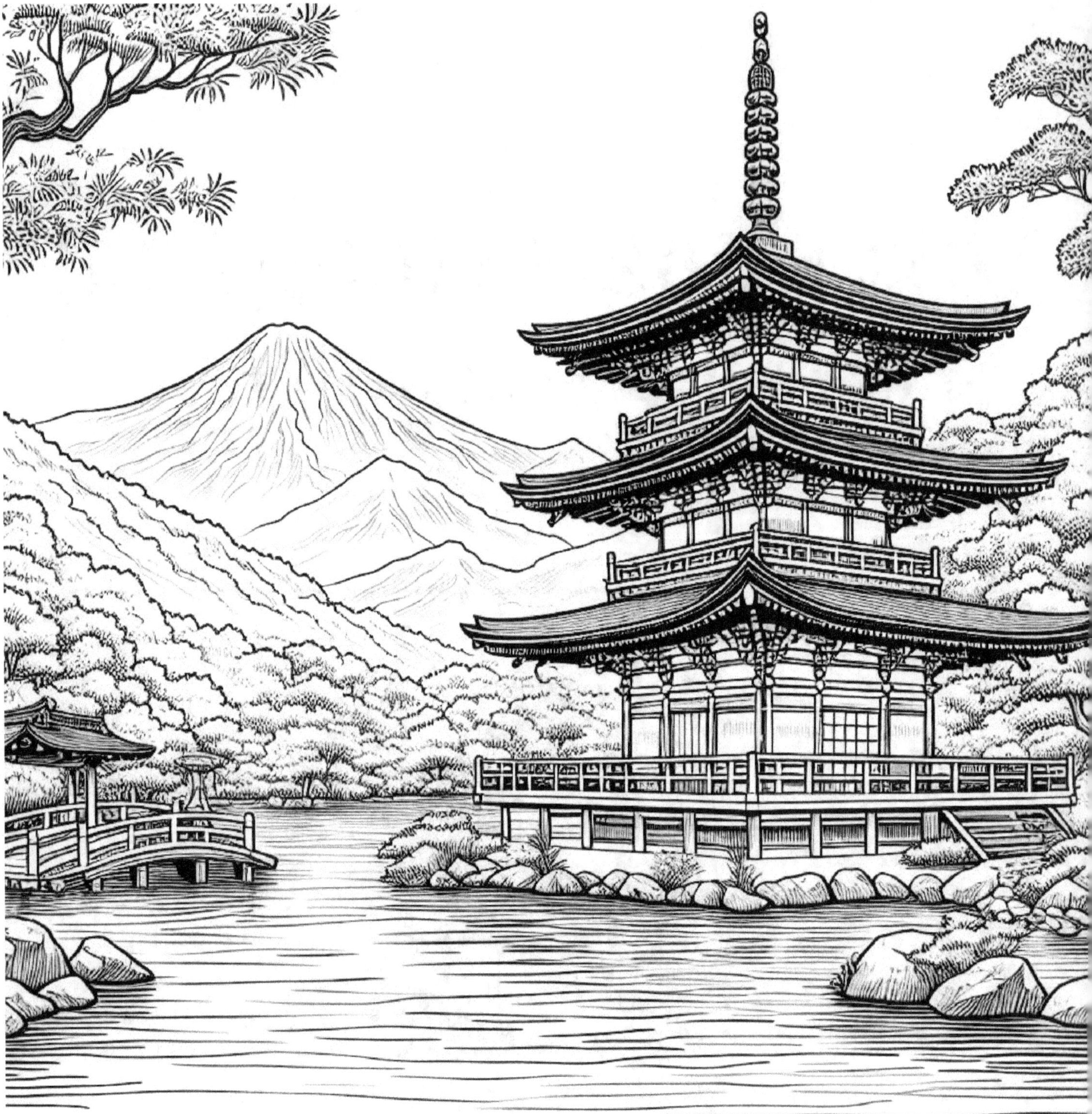

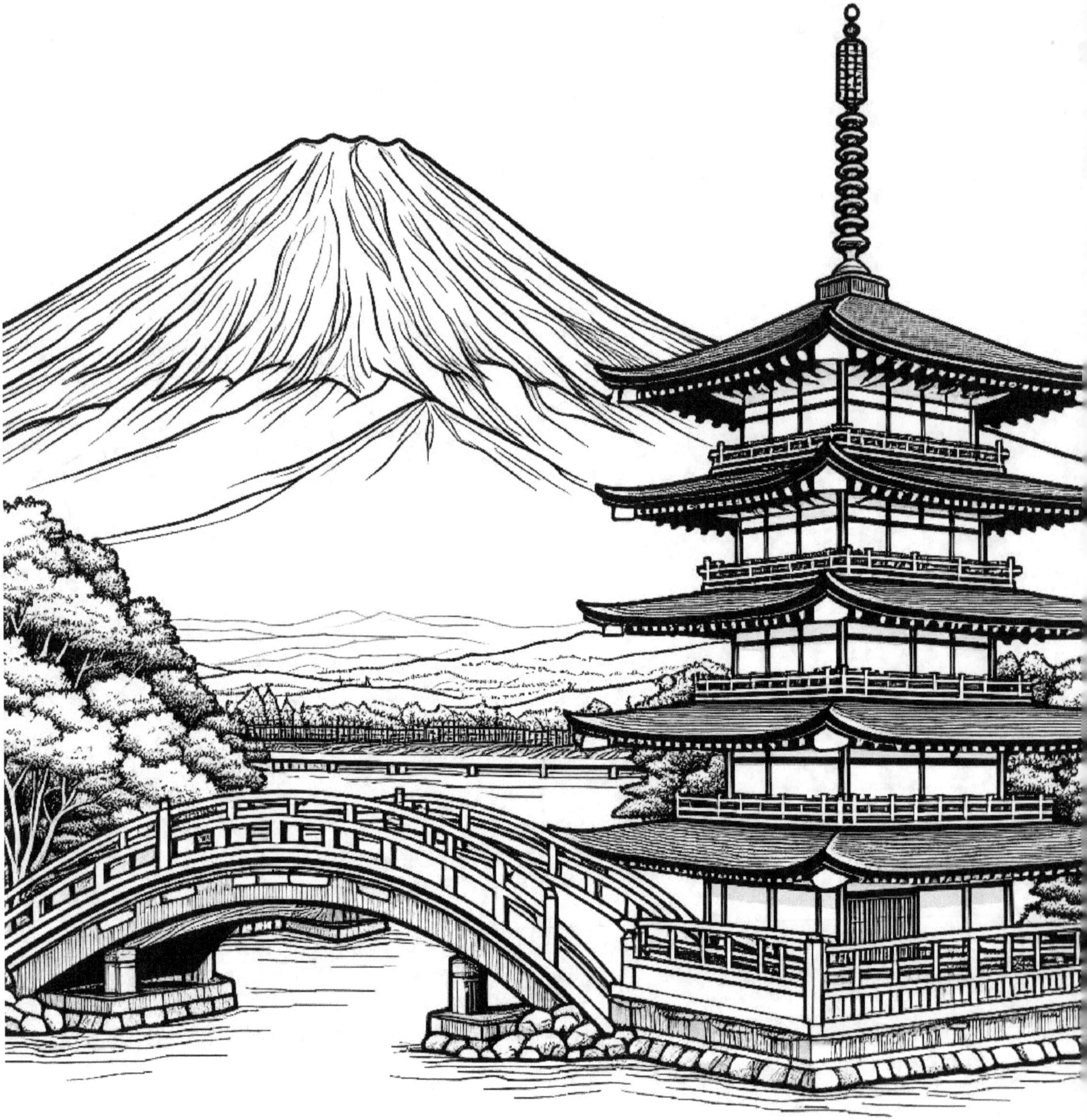

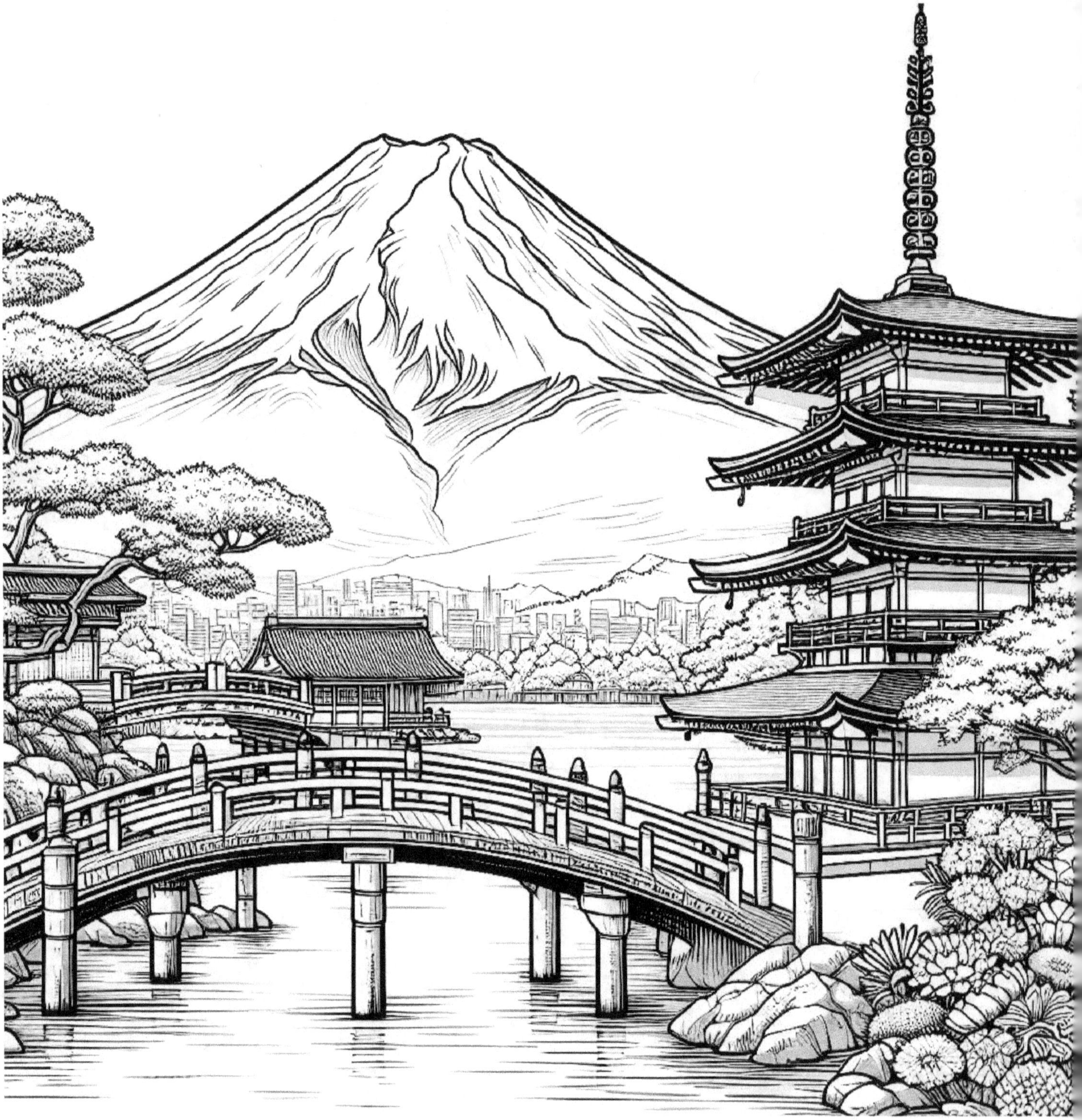

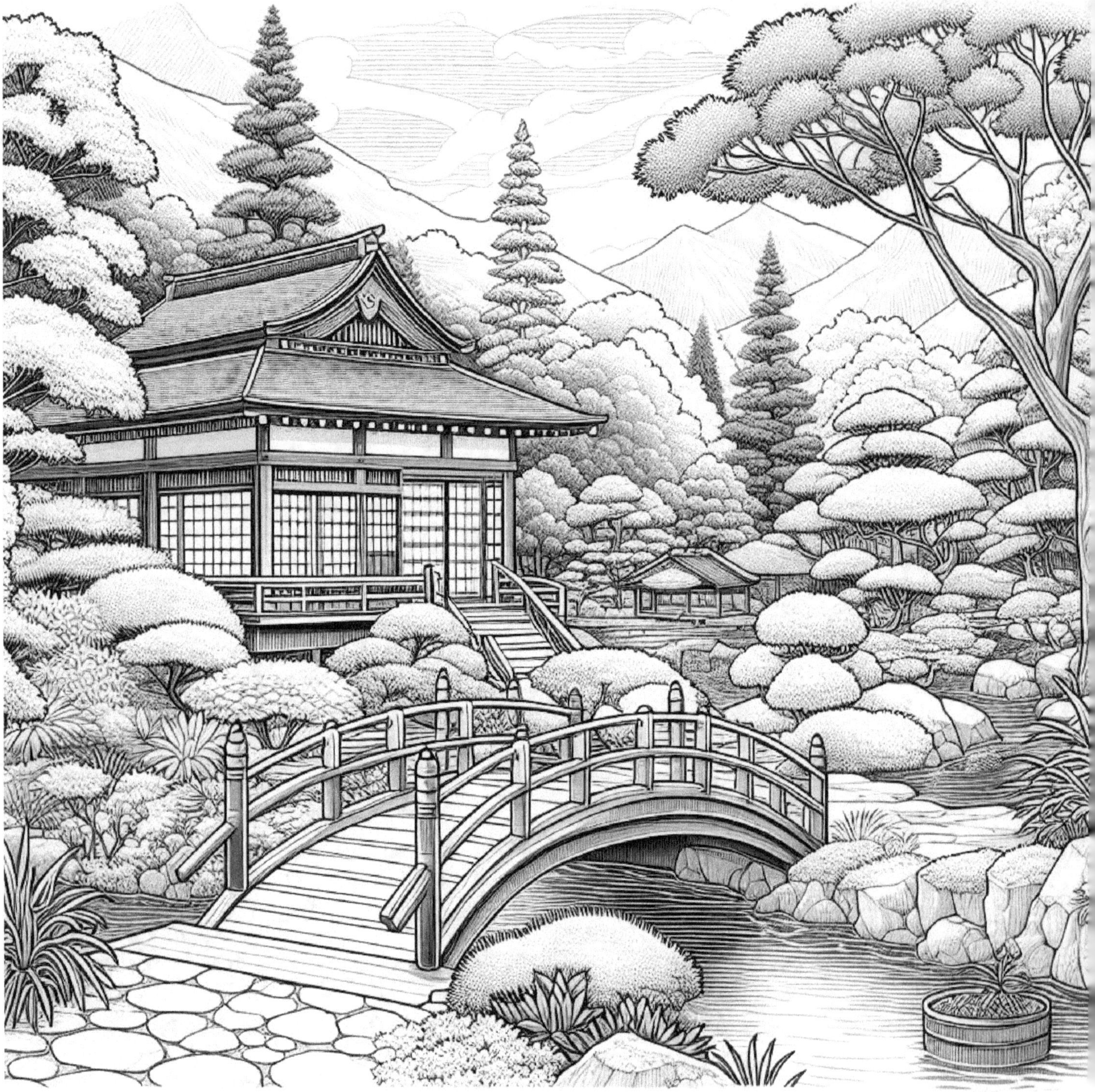

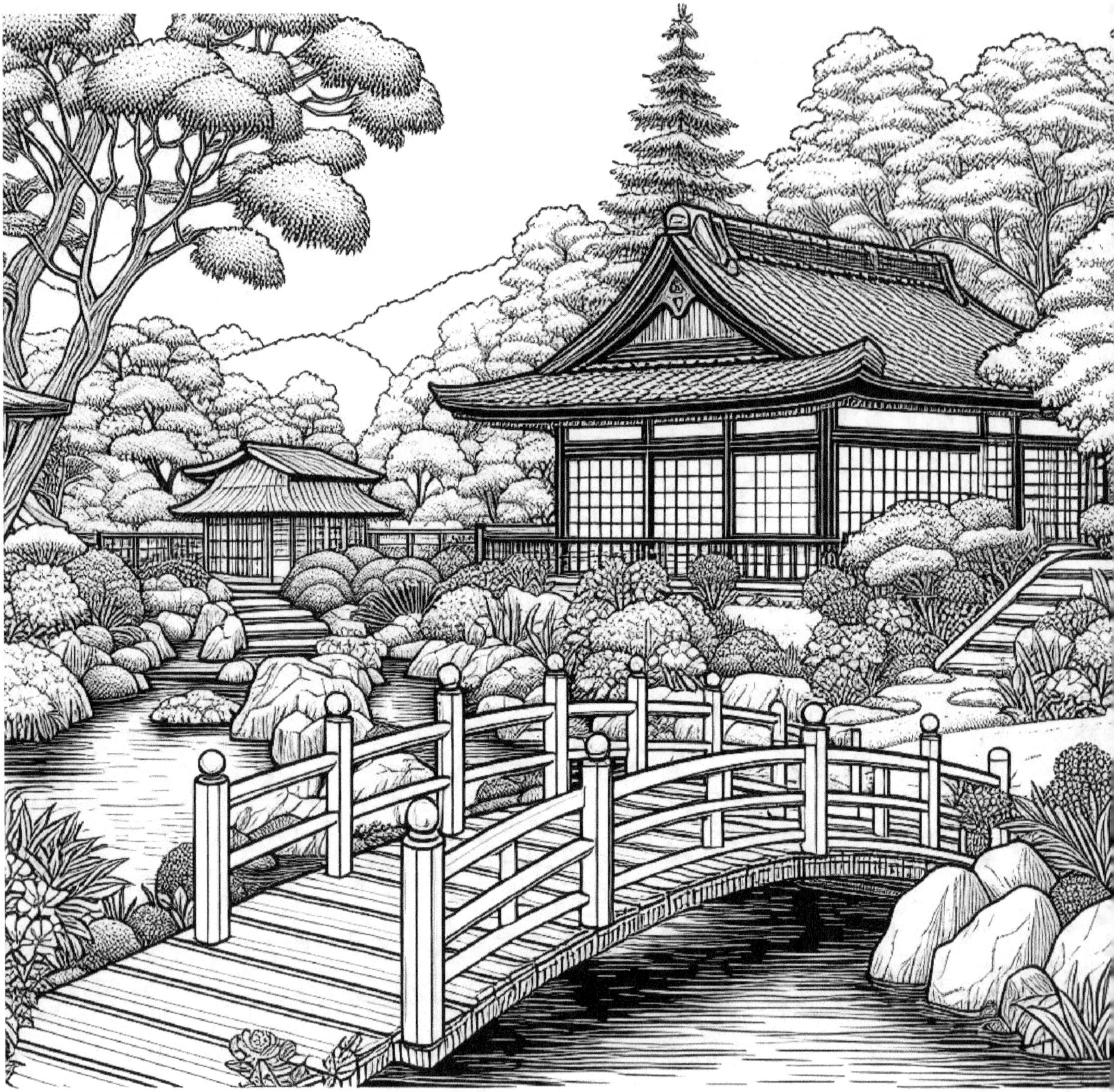

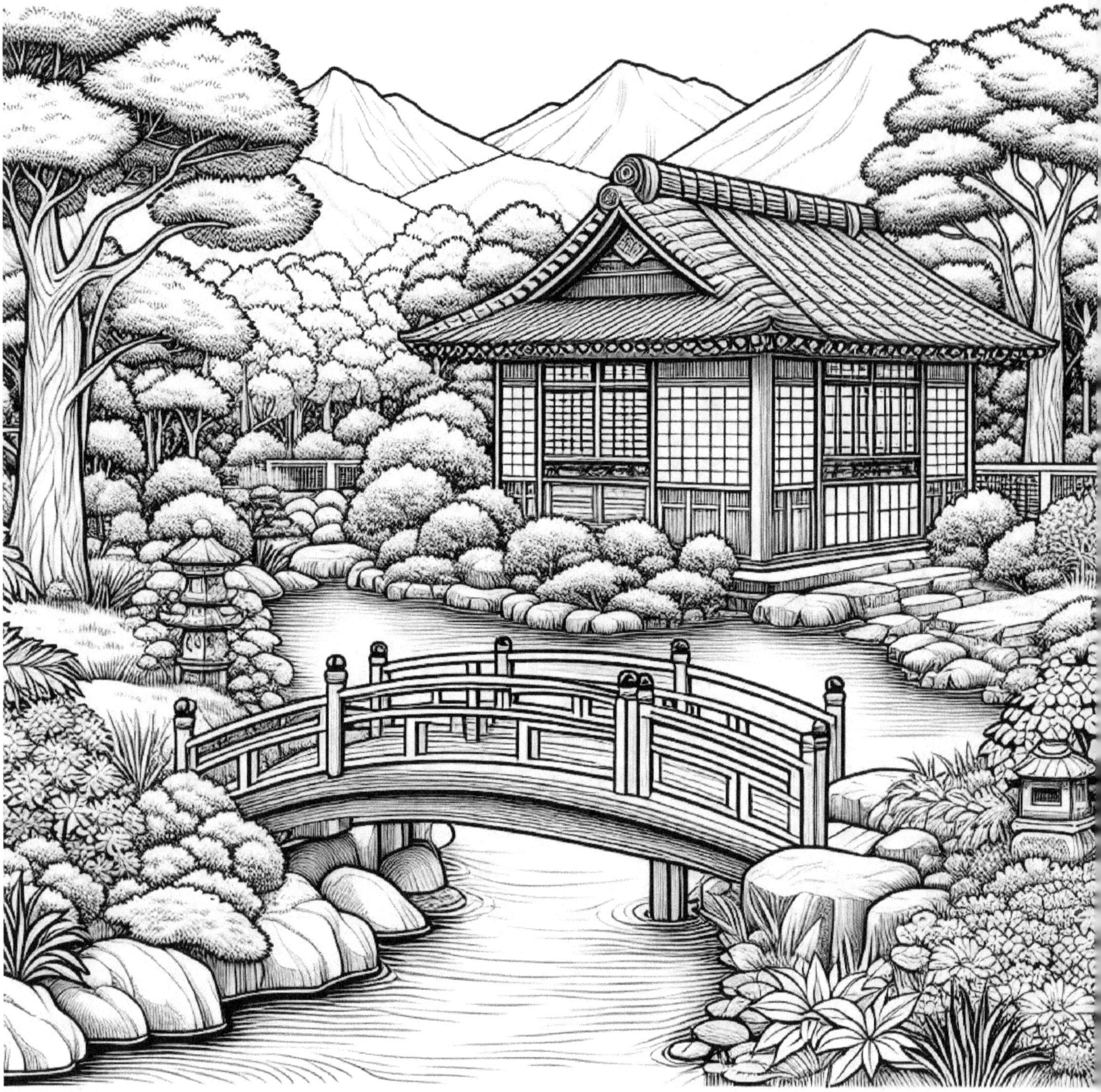

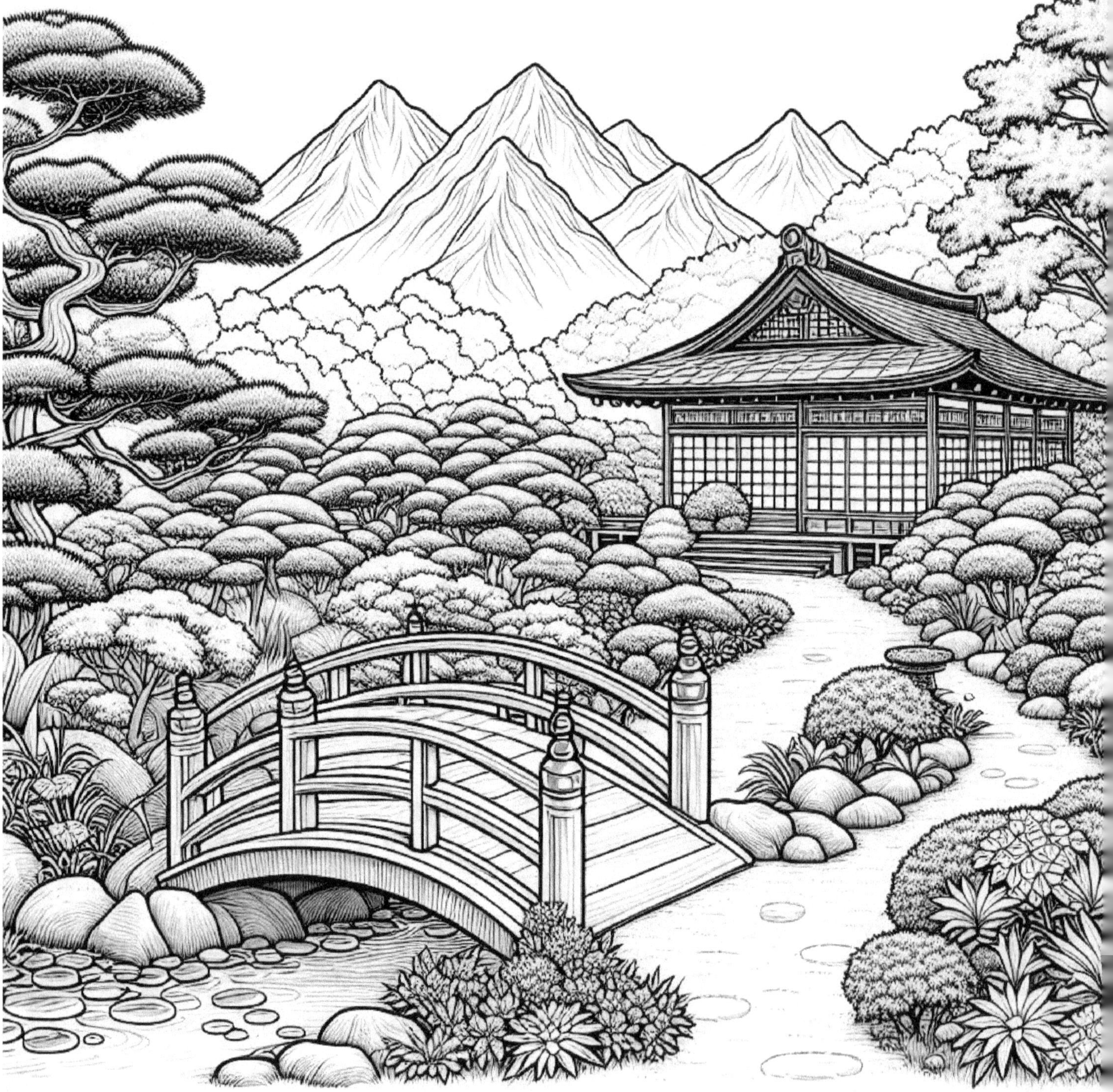

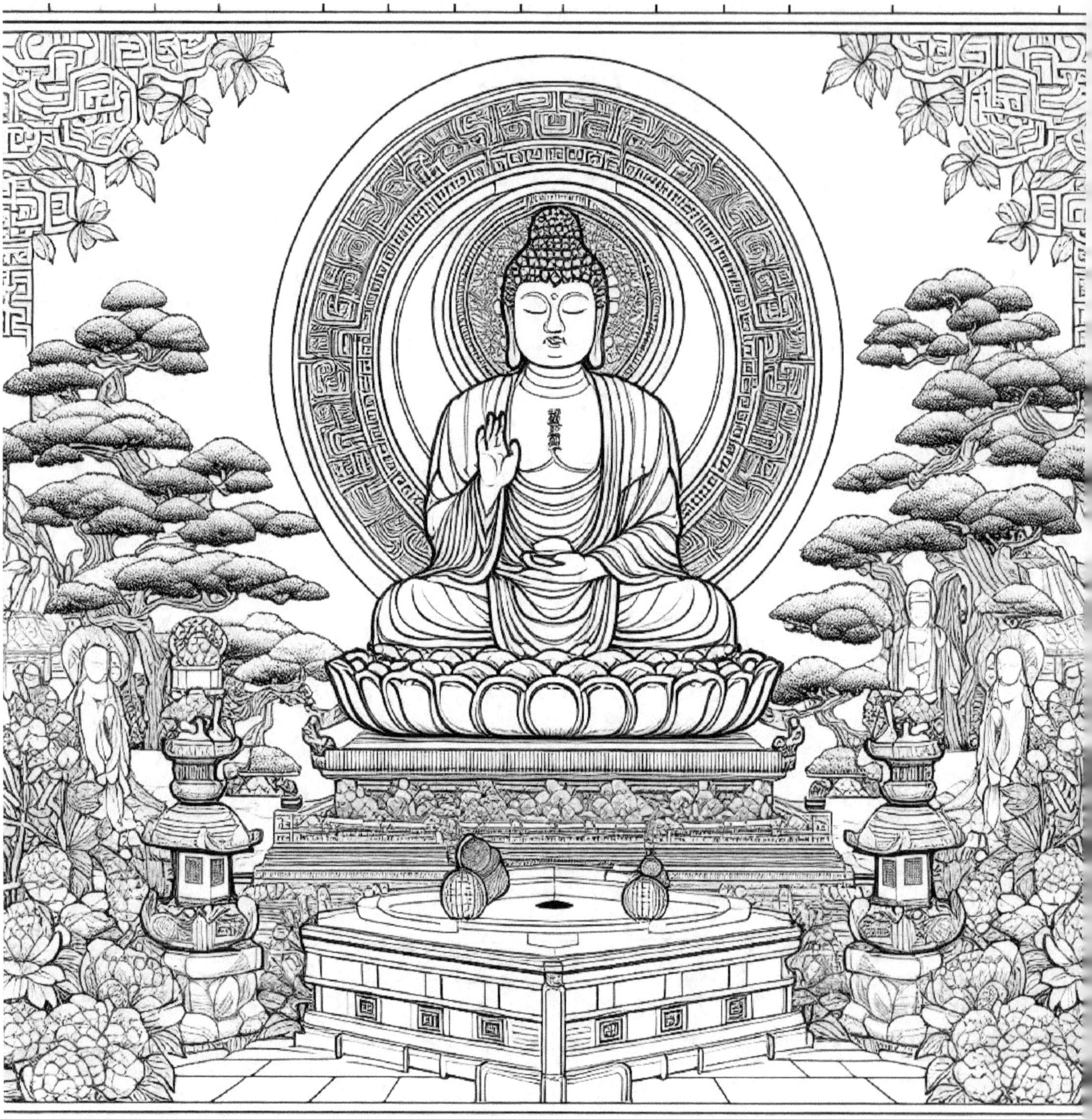

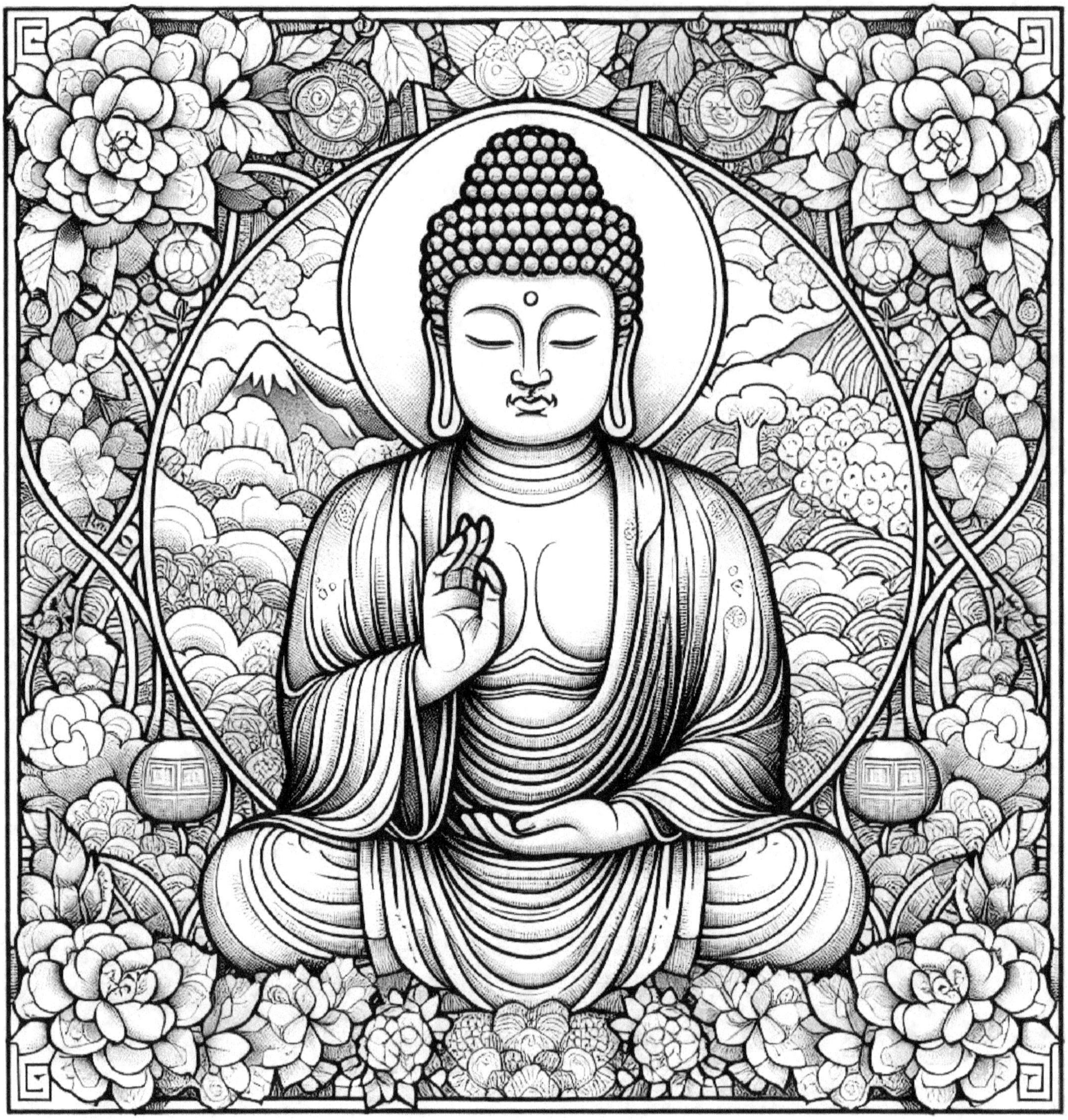

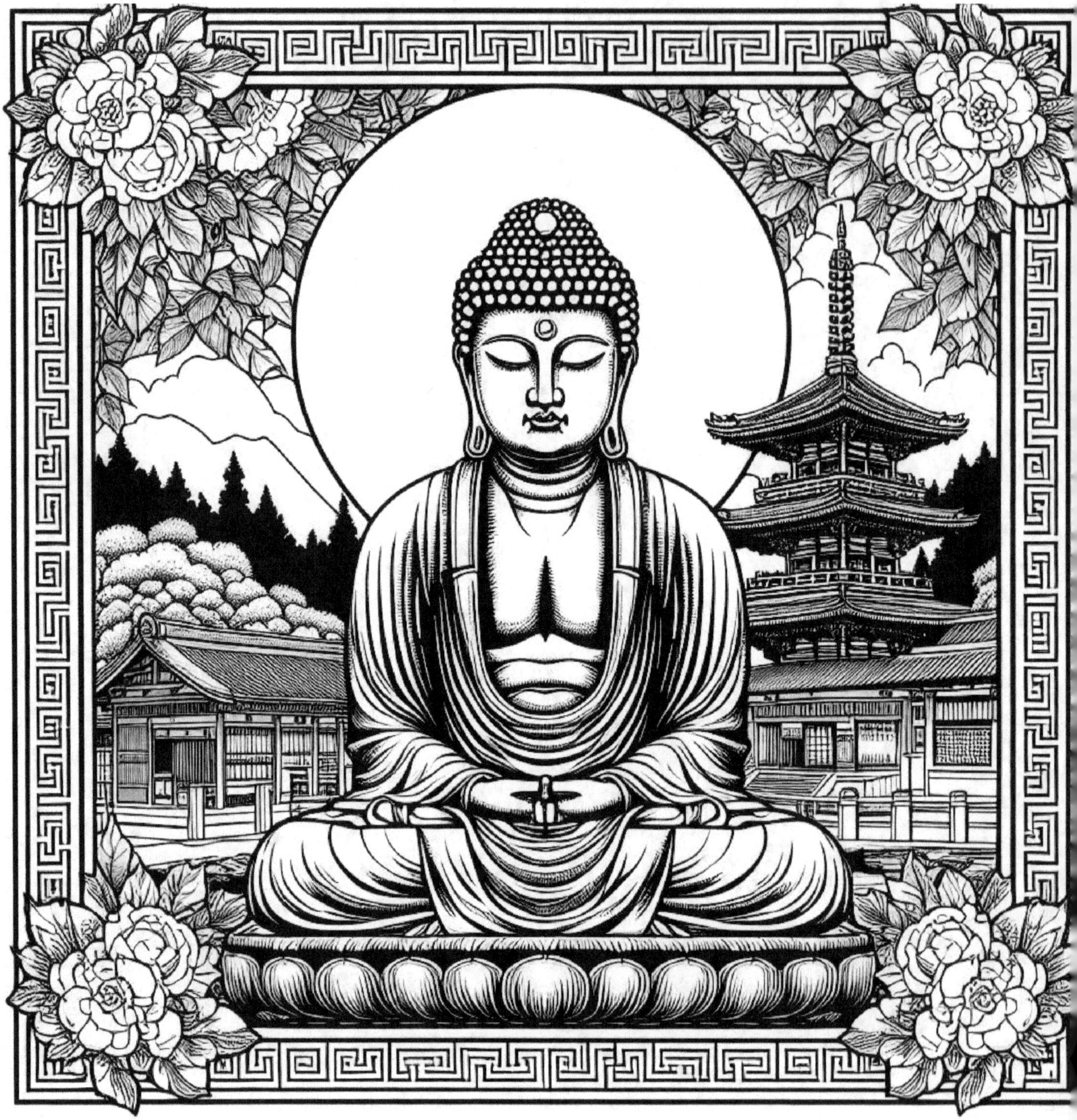

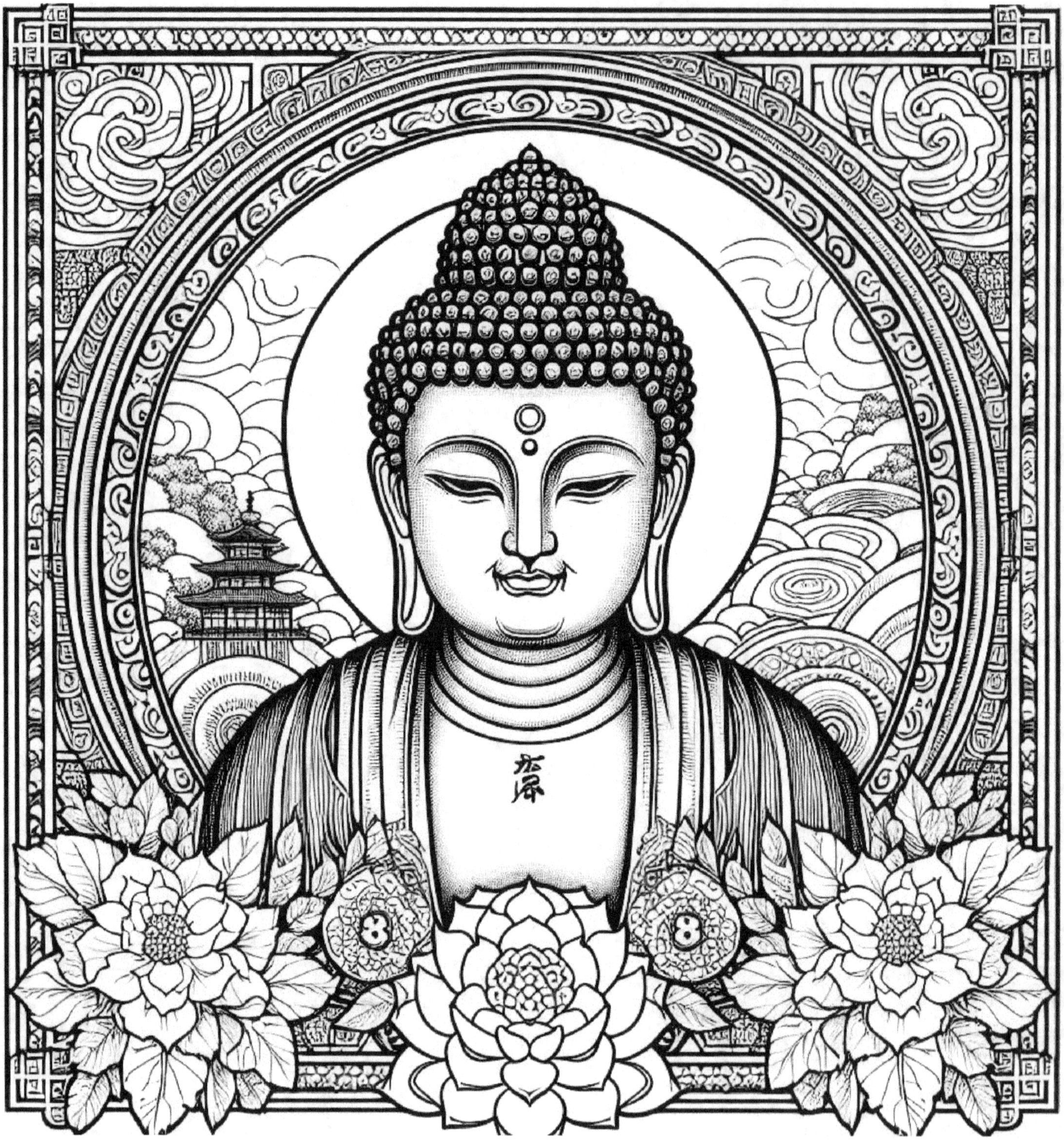

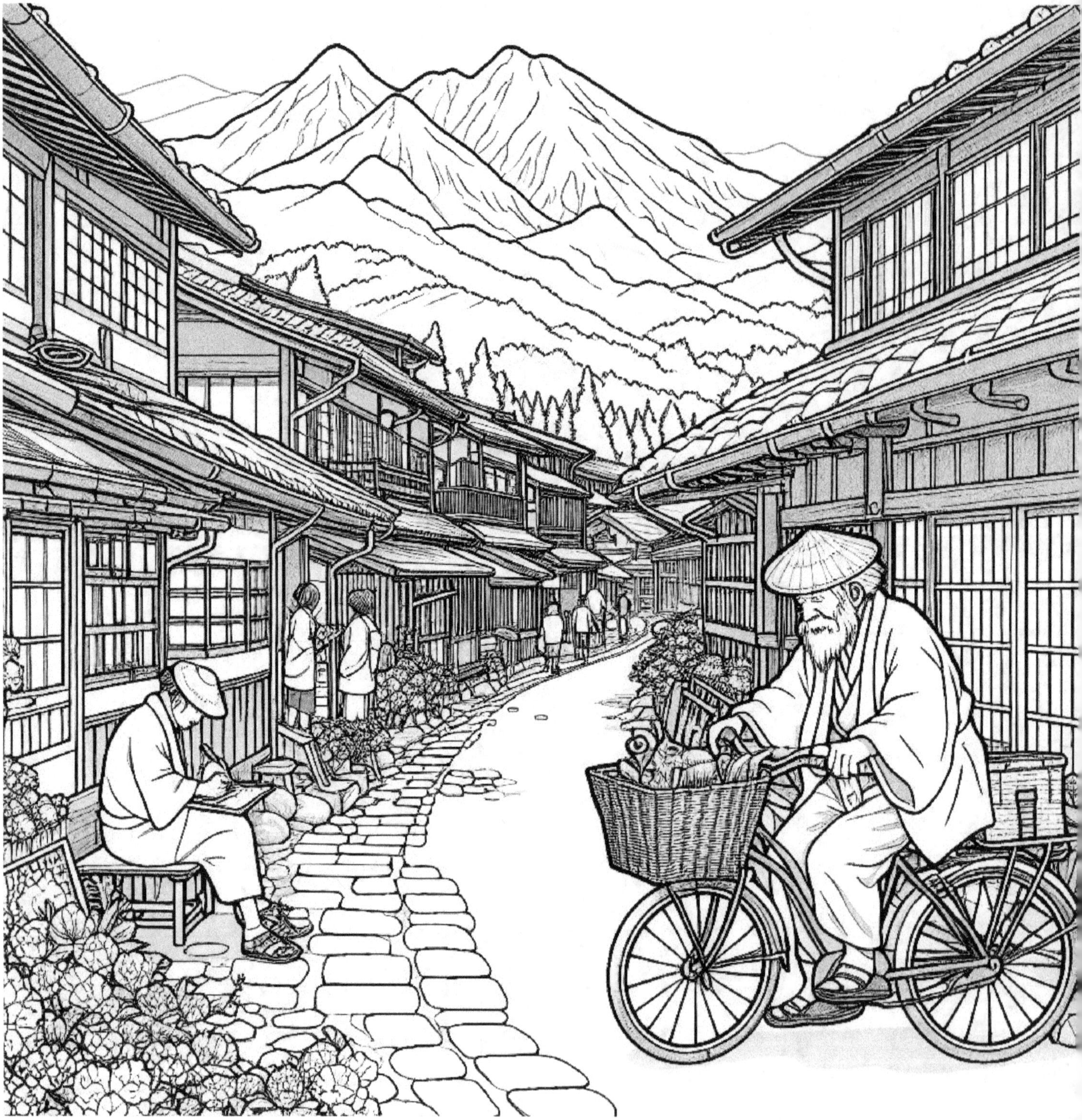

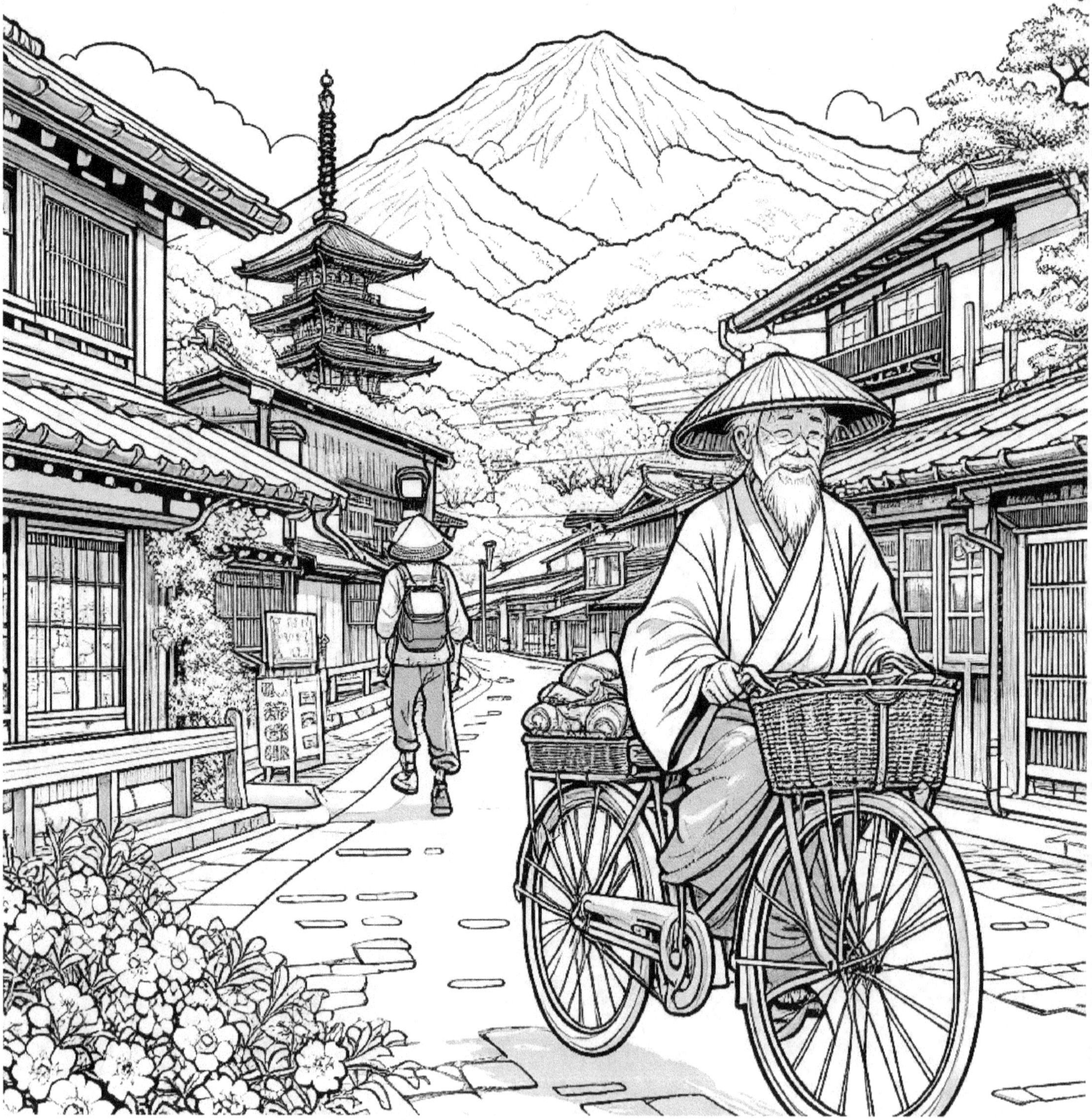

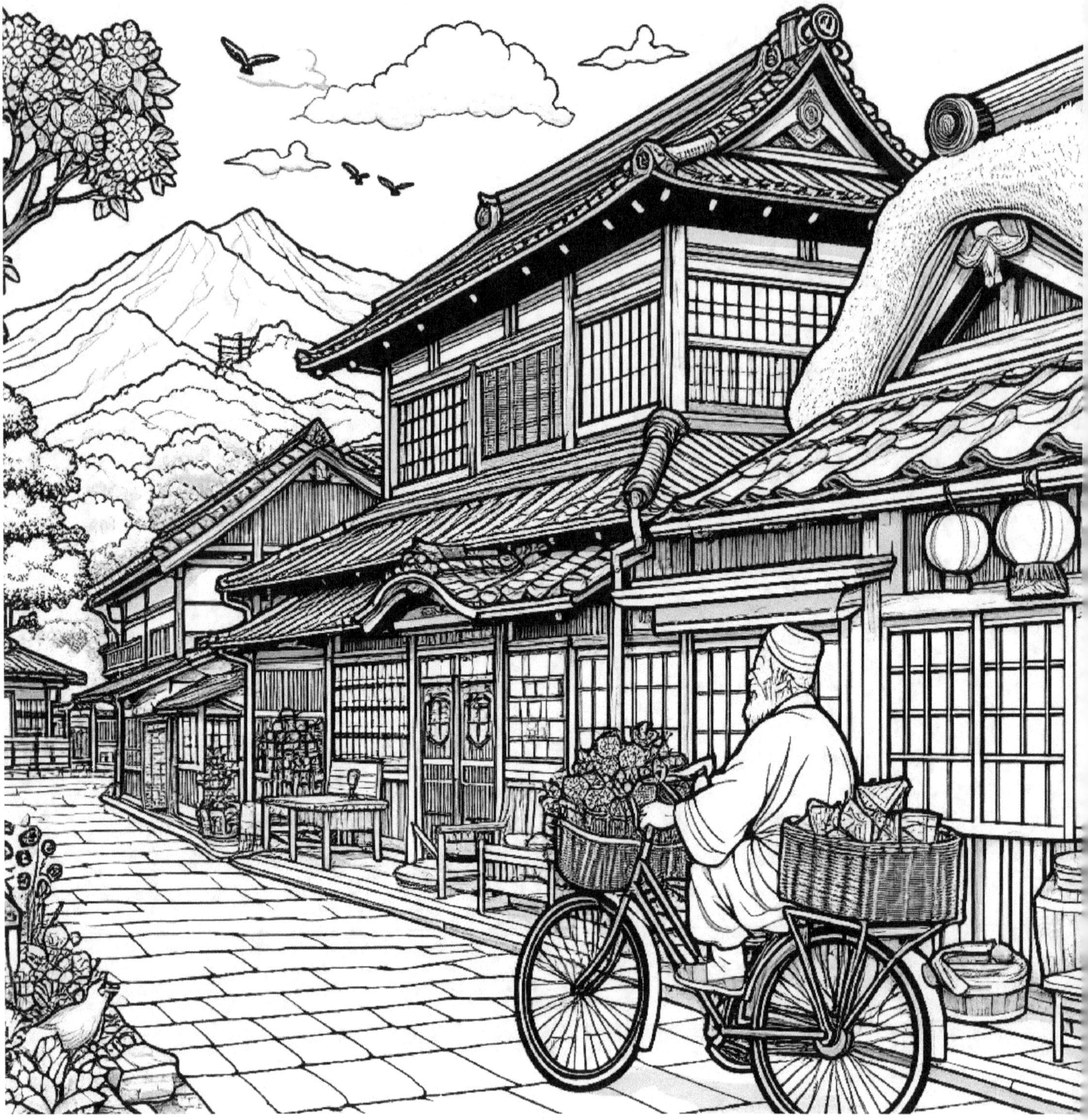

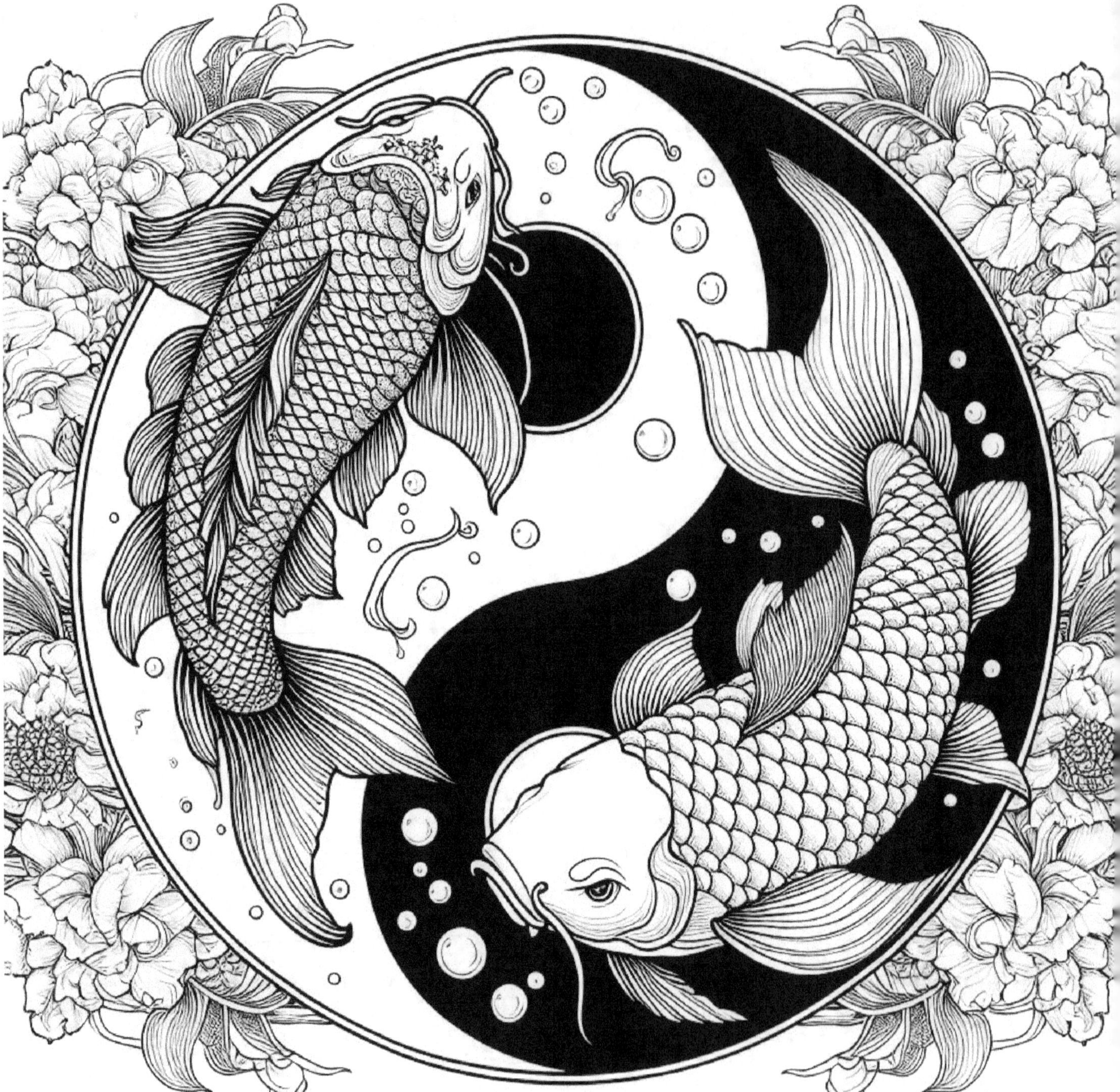

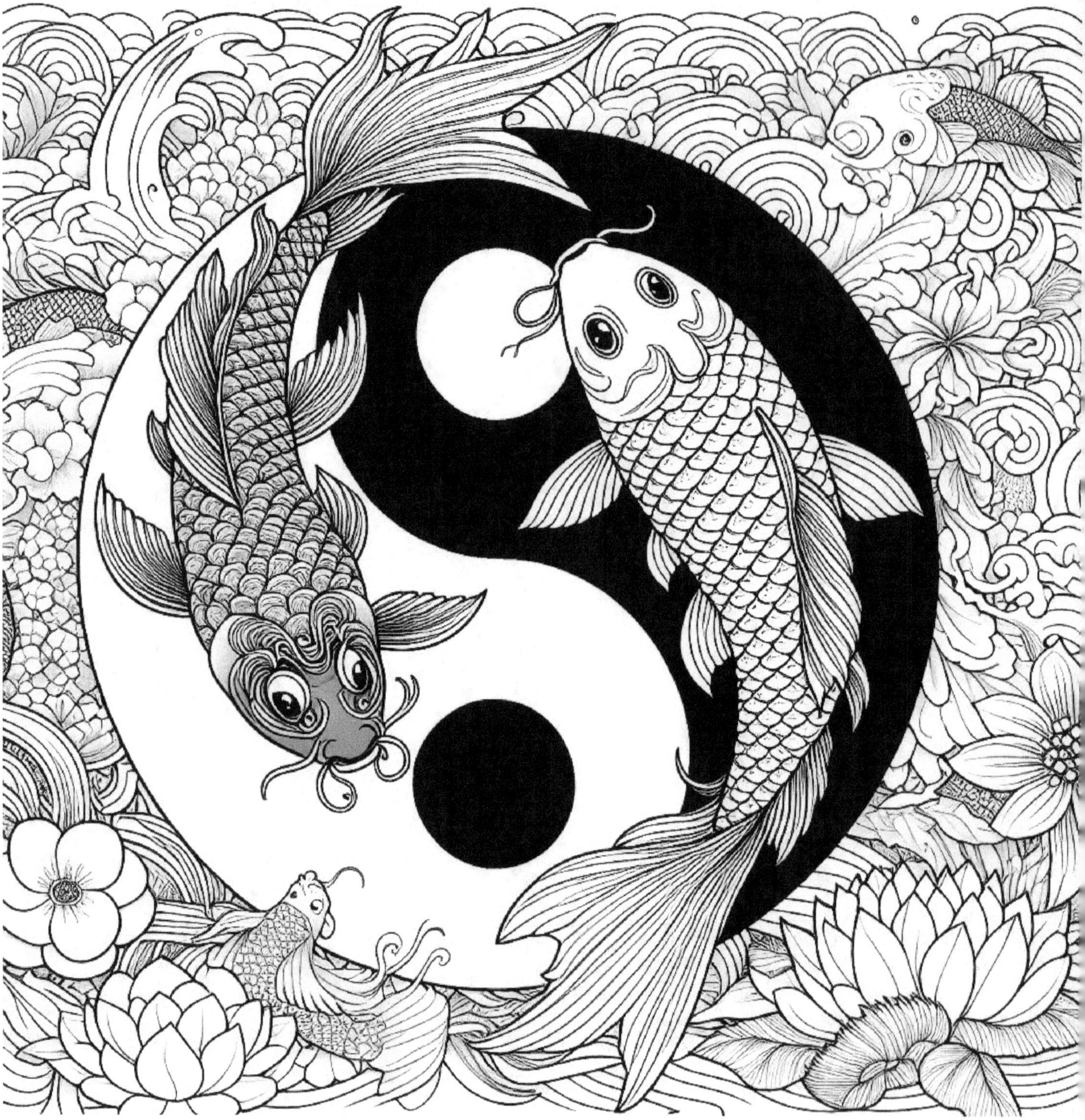

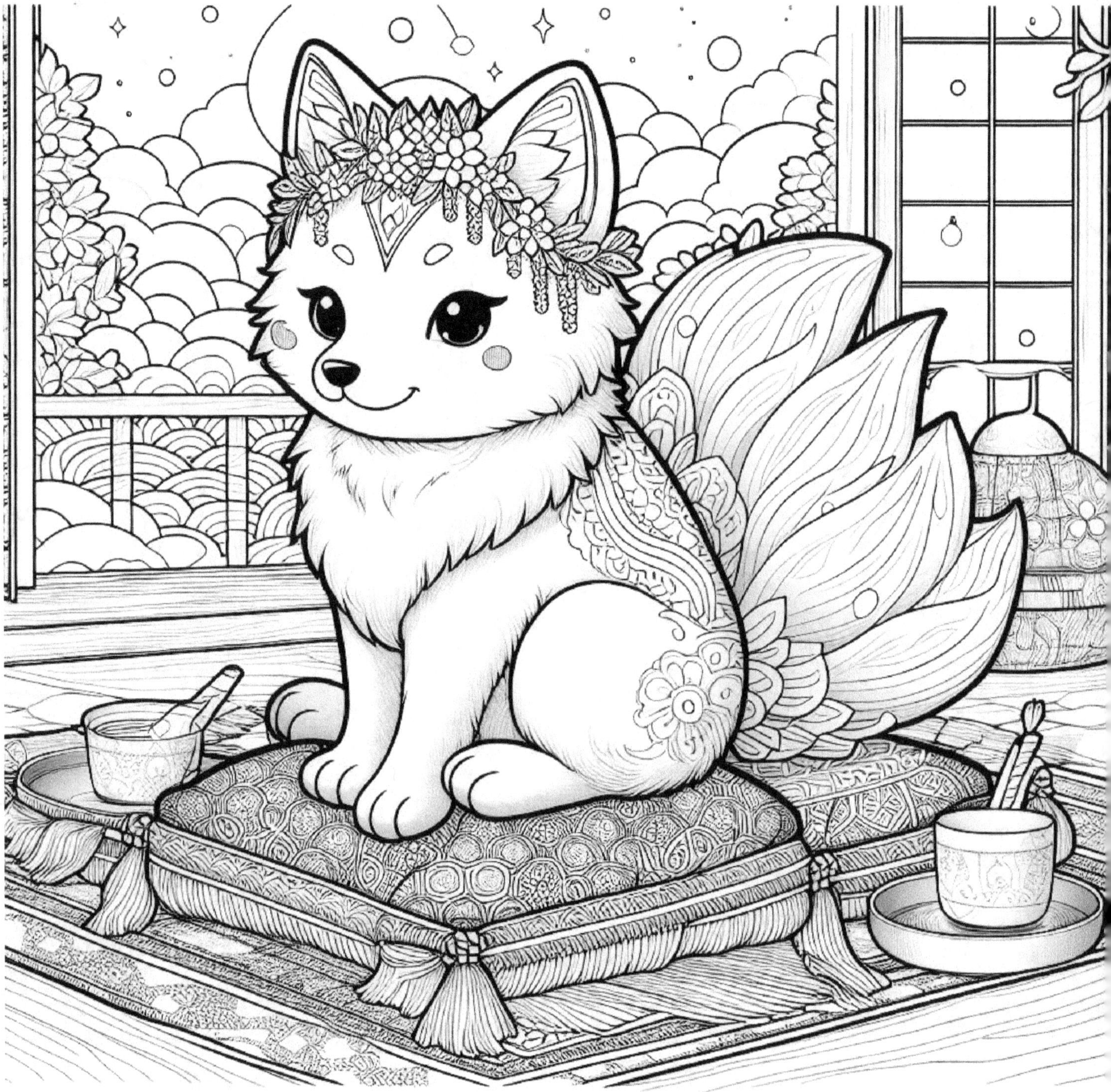

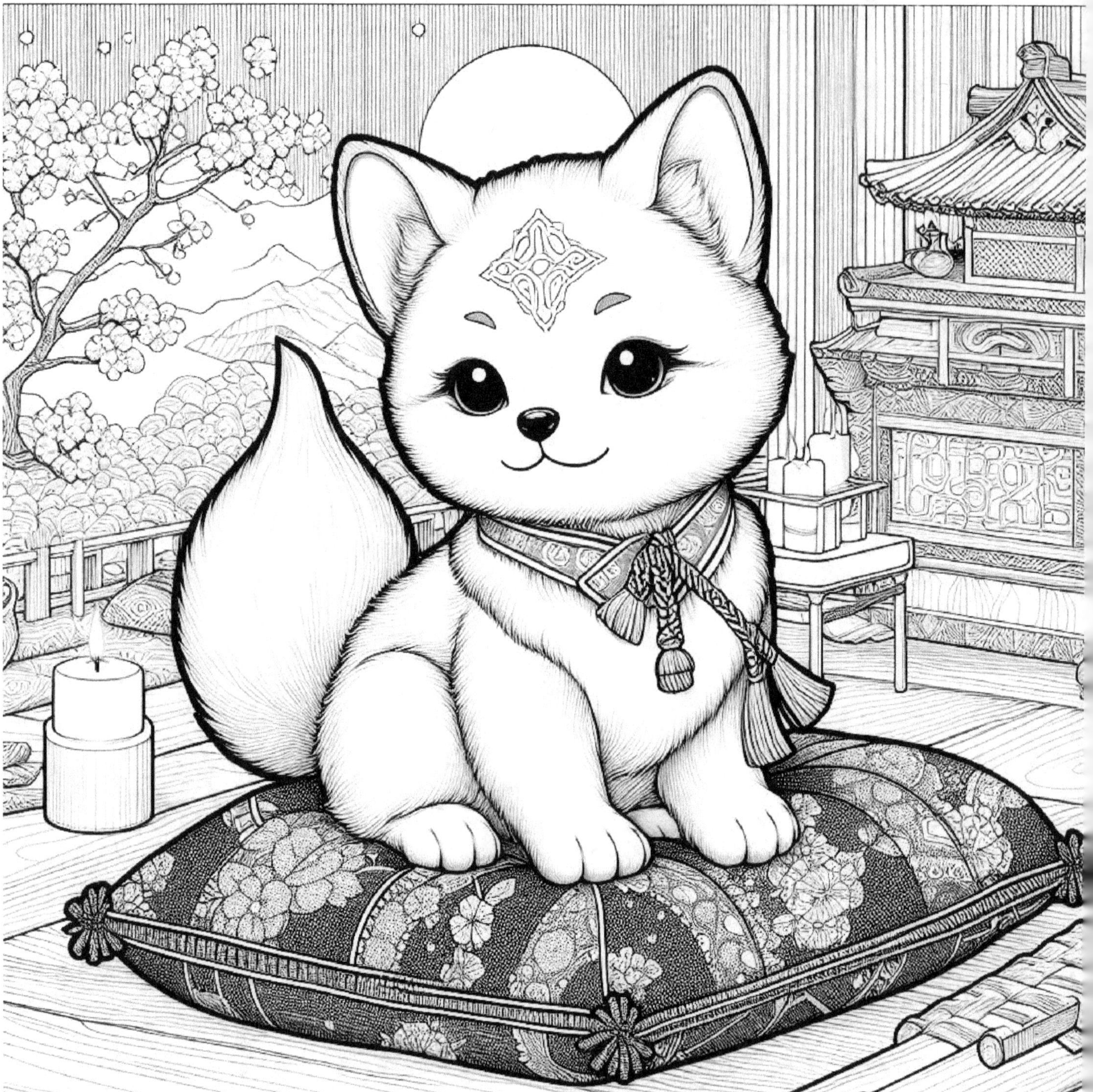

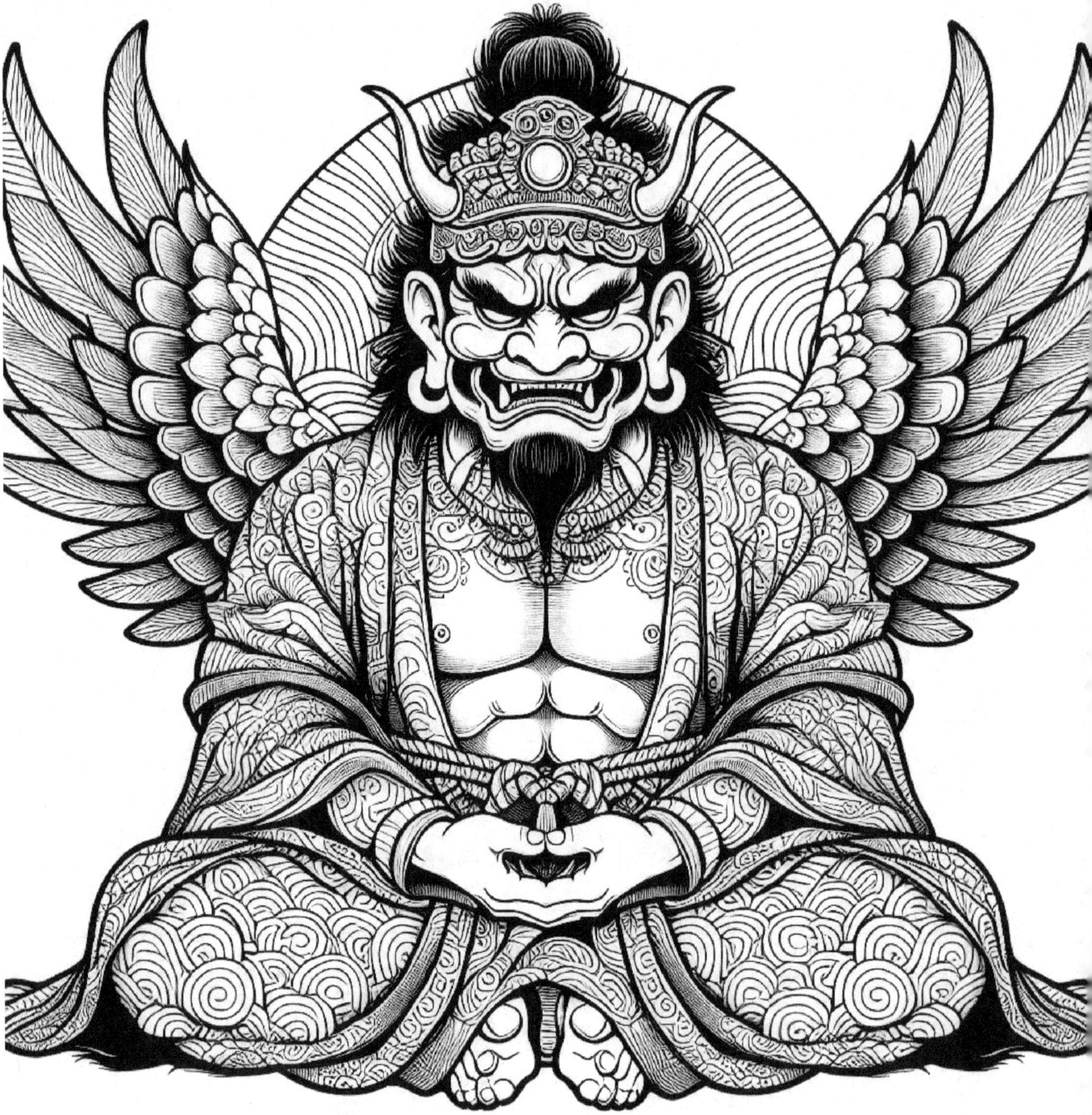

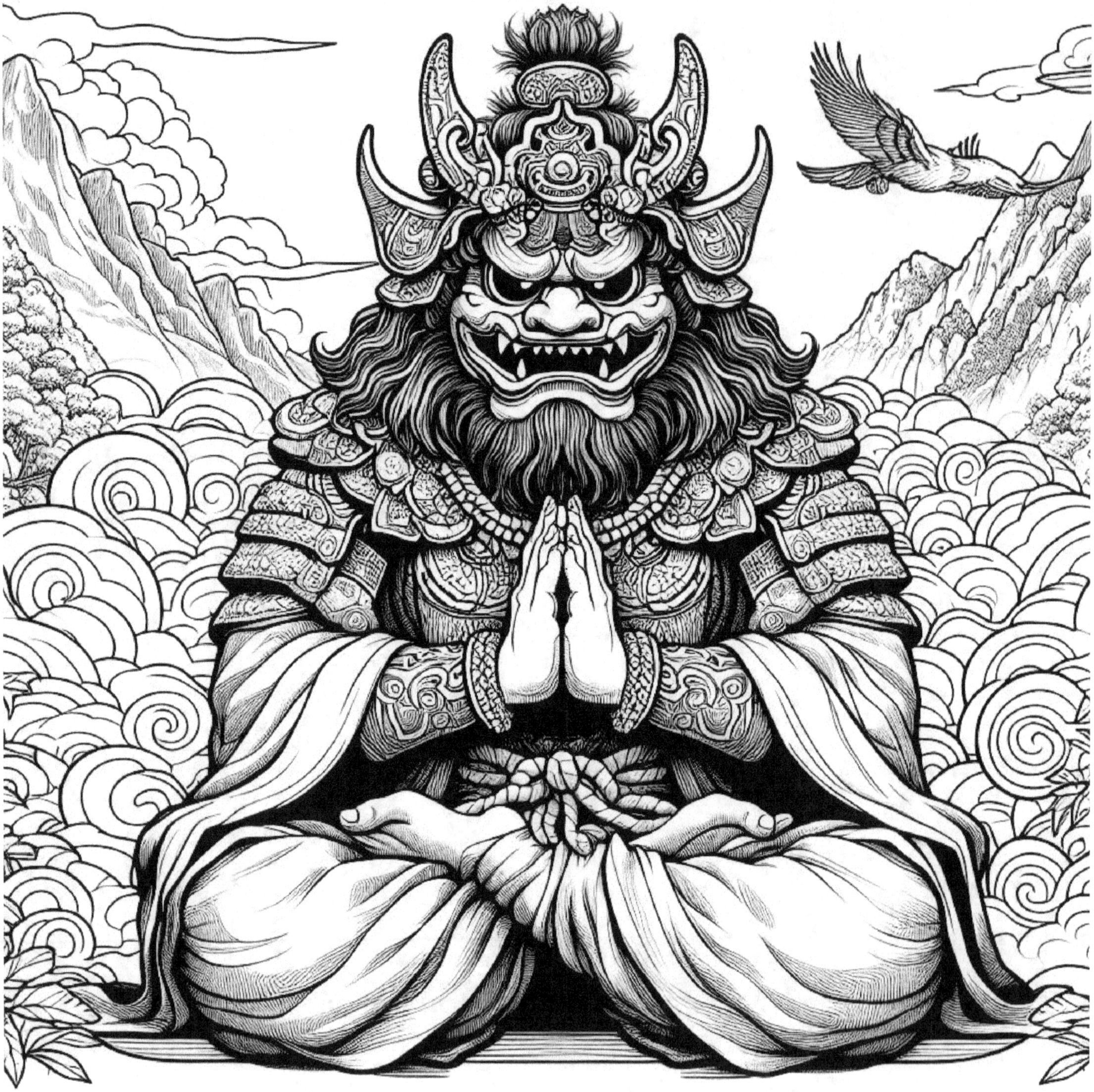

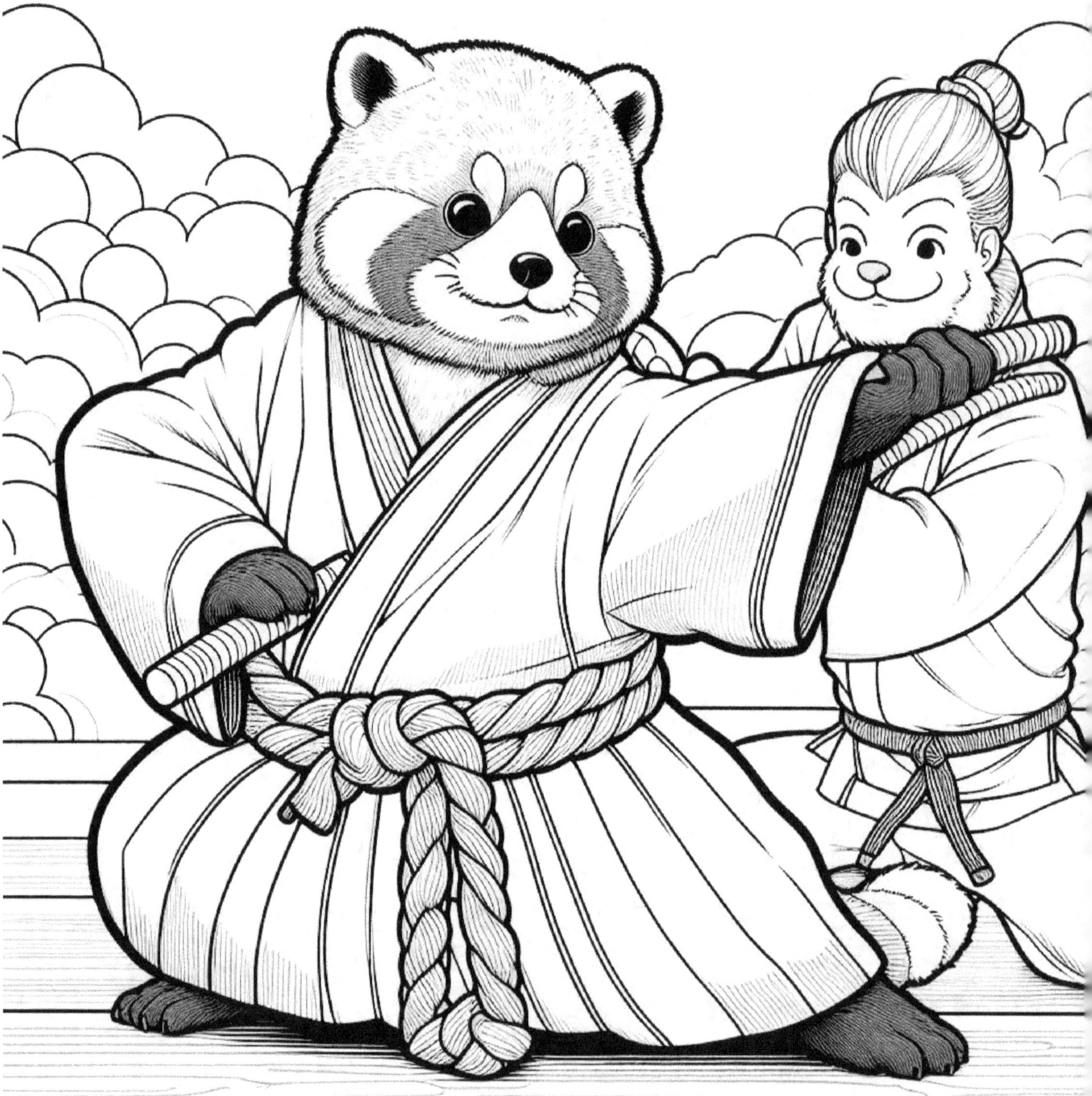

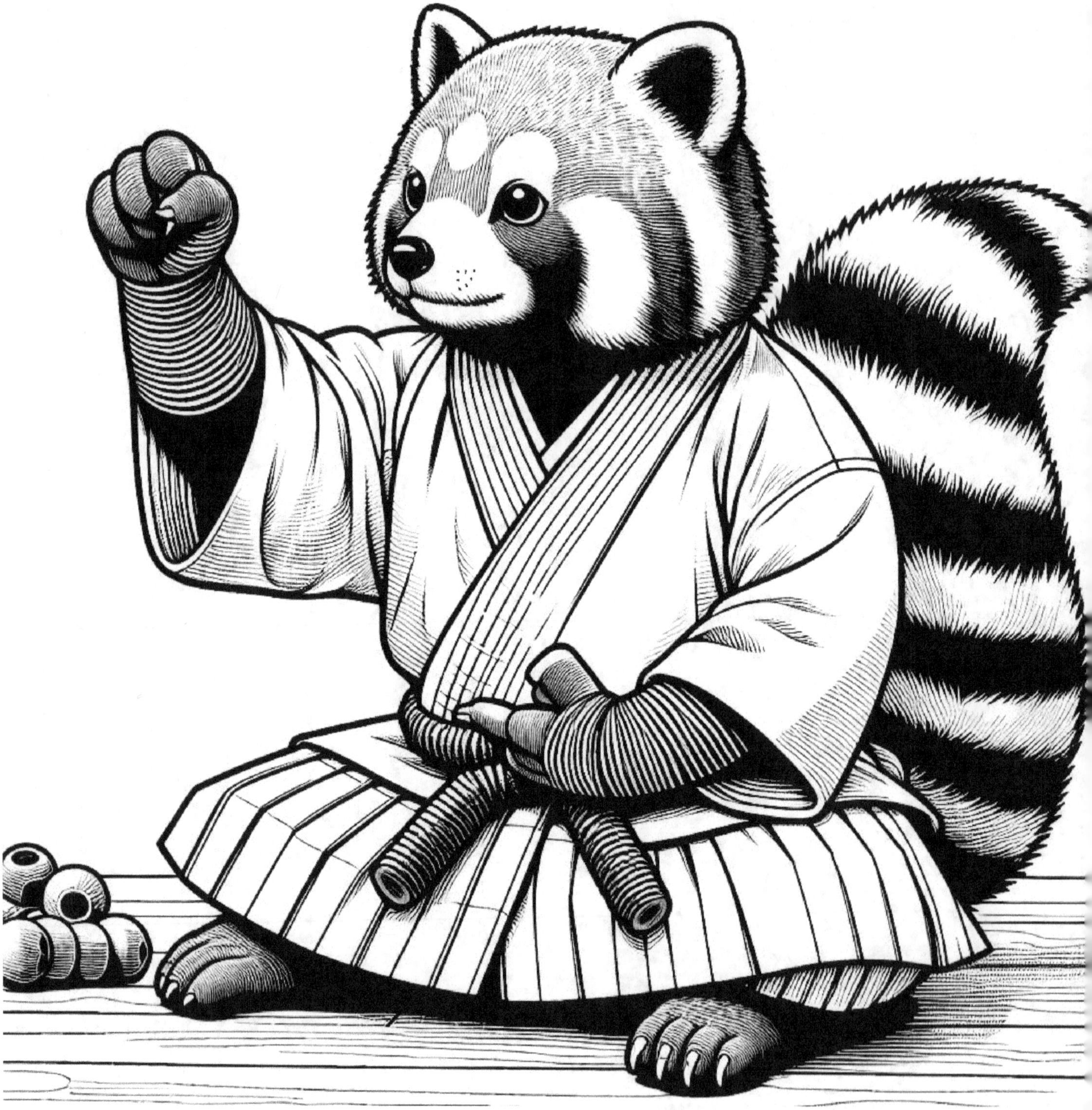

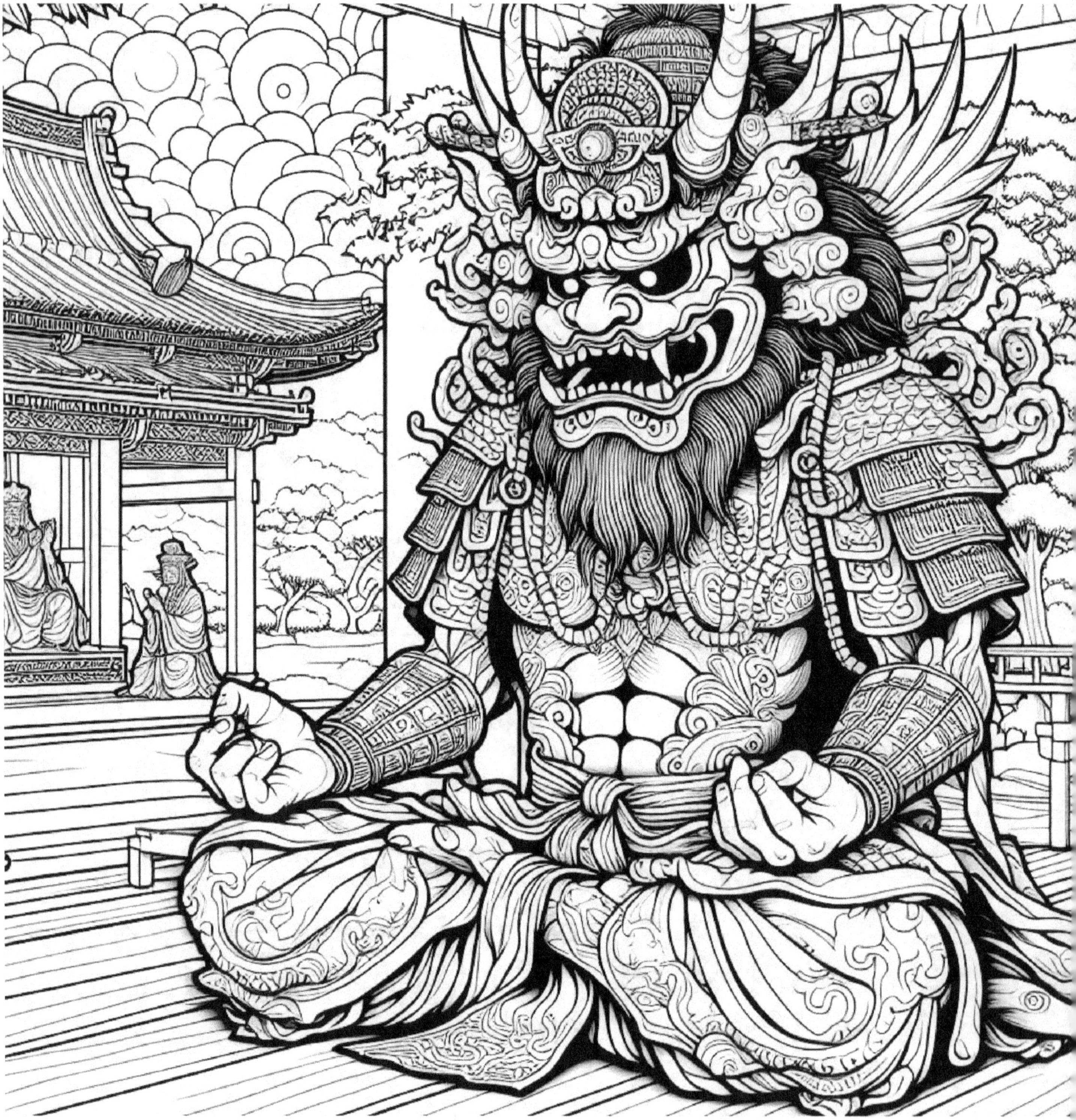

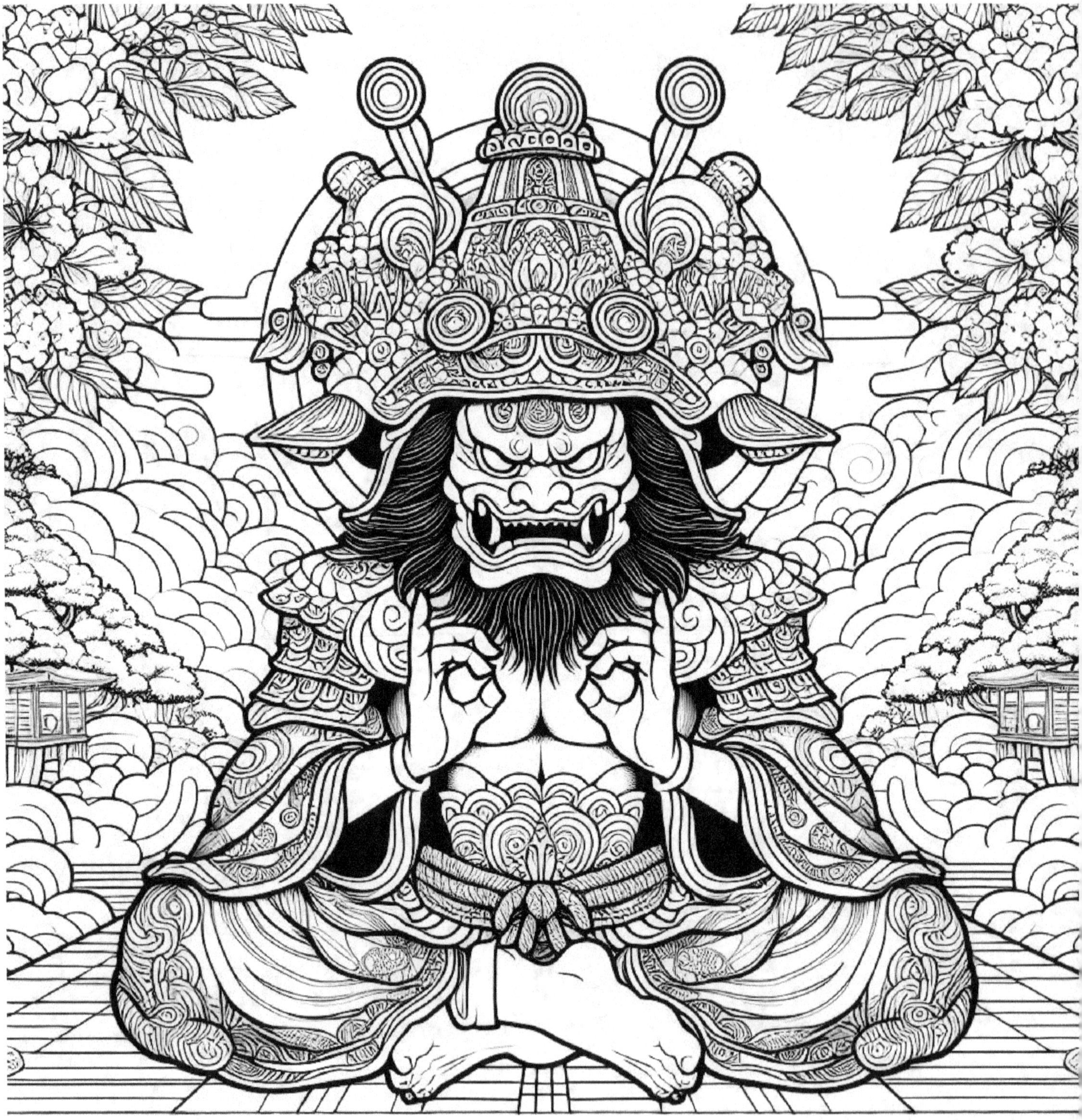

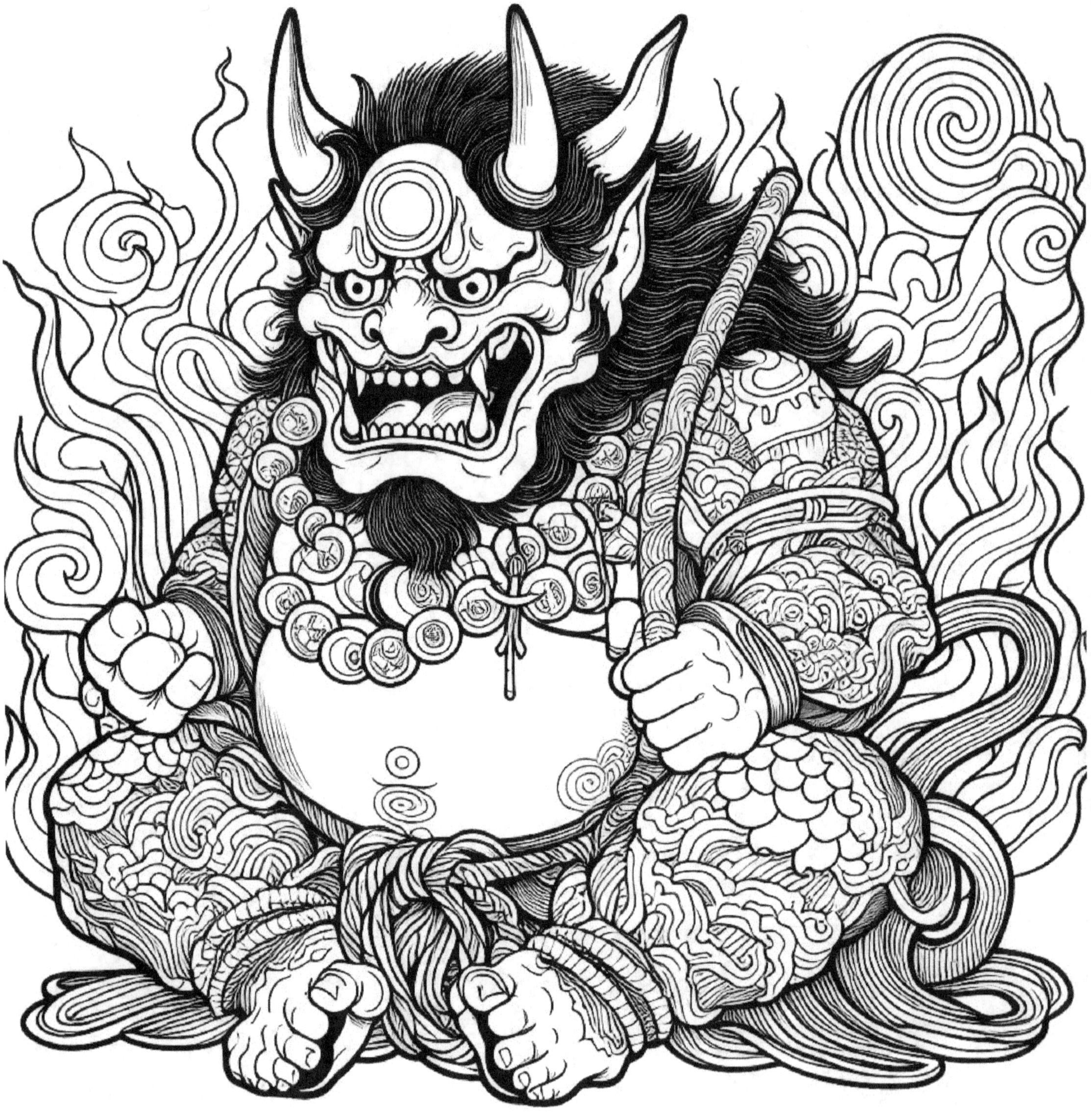

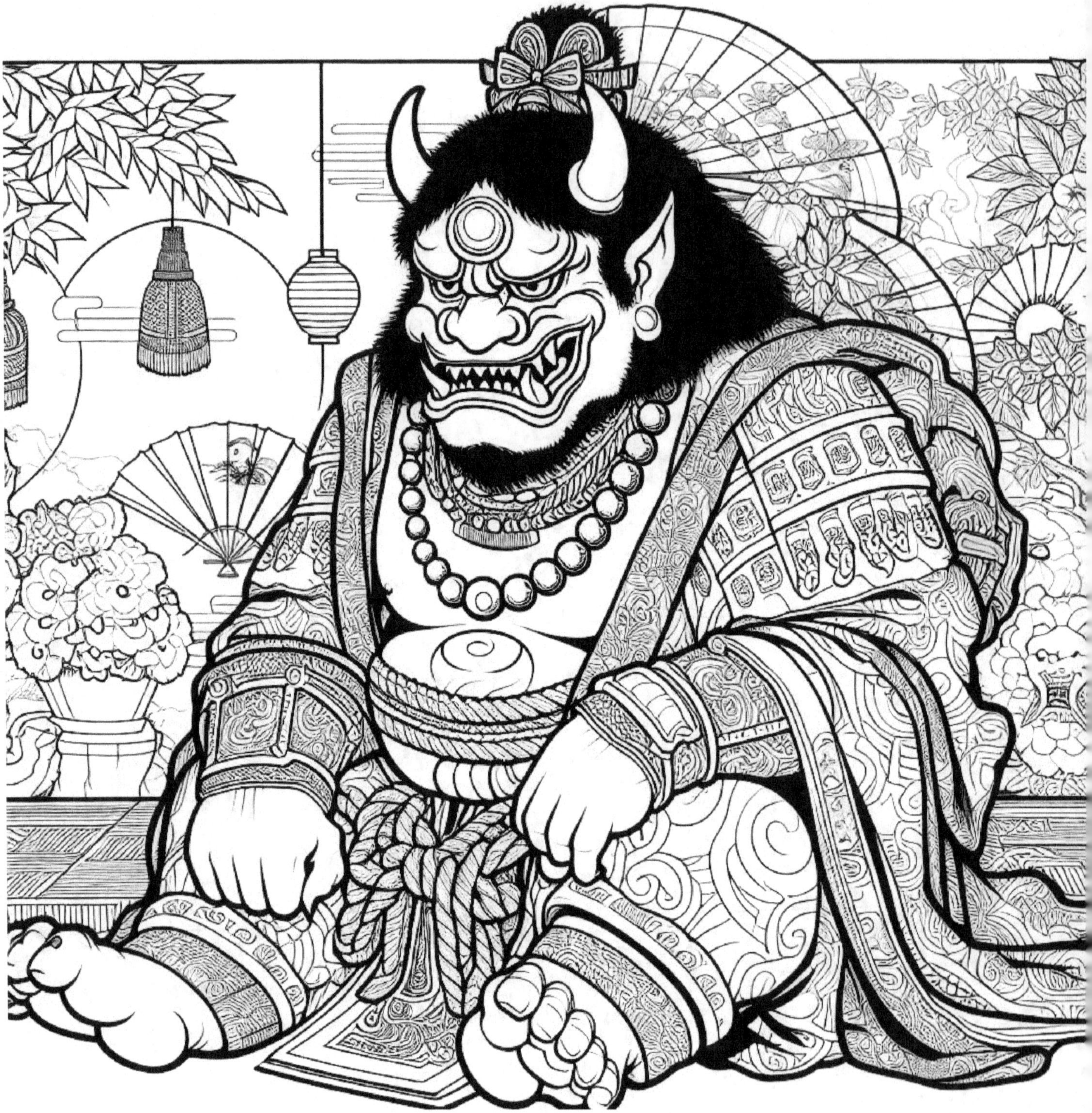

www.ingramcontent.com/pod-product-compliance
Lightning Source LLC
Chambersburg PA
CBHW082220220526
45470CB00010B/3251
9798324768713